Inhalt

NLP für Anfänger

Einführung in die Praxis.

Wie du mit den richtigen Techniken deine Kommunikation verbesserst und alle Ziele erreichen kannst.

Juliane Hansler

Vorwort

Du möchtest gerne mehr über das Thema NLP erfahren oder hast schon einiges darüber gelesen, gehört oder gesehen?

Vielleicht fragst du dich aber auch, wie es sein kann, dass manche Menschen ihre Ziele schneller erreichen als andere? Vielleicht weil du gerade in einer Situation bist, in der dein Kollege befördert wurde oder eine Gehaltserhöhung bekommen hat? Du bist aber leider leer ausgegangen. Das möchtest du gerne ändern.

Vielleicht ist es aber auch so, dass du schon lange einen Menschen sehr toll findest, ihn gerne ansprechen würdest und ihn zu einem Date einladen würdest. Bis jetzt hast du dich das aber noch nicht getraut. Und dann siehst du zufällig, wie dein begehrter Mensch gerade ein tolles Date mit jemandem hat, der total unattraktiv ist. Und du fragst dich, wie der es nur geschafft hat, das Date zu bekommen.

Manchmal sind es nur ganz kleine, aber sehr wesentliche Dinge, die hier den Unterschied machen. Wahrscheinlich hast du schon alle möglichen Maßnahmen der Erfolgspsychologie und der Motivation angewandt, aber bis jetzt hat nichts wirklich richtig funktioniert.

Hier kann dir NLP eine sehr gute und wirksame Hilfe sein. Denn hier erfährst du das ein oder andere verborgene Geheimnis und kannst hieraus einen sehr großen Nutzen für dich und deine Zukunft in alle erdenklichen Richtungen ziehen. Mit NLP erhältst du verschiedene Methoden, um dein Verhalten zu modifizieren und somit dein Unterbewusstsein auf einen Erfolgskurs zu lenken. Du kannst dich mit dieser einfachen aber dennoch sehr erfolgreichen Methode eigenständig neu programmieren und deine Ziele erreichen.

Du bist neugierig geworden?

Dann erfahre jetzt, wie dein Leben erfolgreicher und ergebnisorientierter wird.

Was ist NLP?

NLP bedeutet übersetzt Neuro-Linguistisches Programmieren. Es bietet dir eine Art des Kommunikationsmodells mit verschiedensten Ansätzen. Unter anderem gibt es hier die Ansatztechniken der Psychologie, der Hypnose und der Sprachwissenschaft.

Es gibt auf der ganzen Welt sehr viele Menschen, die mit NLP erfolgreicher und einflussreicher geworden sind. Denn ganz viele Menschen, die berühmt werden möchten, gehen zu einem Trainer, der sie in den Wissenschaften der NLP trainiert und unterrichtet. Diese Menschen nutzen ihr Wissen und ihre dadurch erlernten und erlangten Fähigkeiten für die verschiedensten Dinge. Manche Menschen möchten ihr Entertainment steigern, andere nutzen es auch als eine Form der Therapie, für andere findet es

Anwendung im Marketing, in der Werbung und im Verkauf.

Ich möchte dir hier einen Weg zeigen, mit dem du ein sehr effektives Hilfsmittel erlangst, um deine eigene Persönlichkeit weiter zu entwickeln. Vielleicht hilft es dir auch dabei, deinem gesamten Leben eine bessere Hilfestellung zu geben.

Das Neuro-Linguistische Programm ist ein sehr bedeutendes Konzept für Veränderungen und Kommunikation. Einer der wichtigsten Mitentwickler des NLP, Robert Dilts, fand hierfür einmal folgende, sehr treffende Worte und beschreibt es als „Verhaltensmodell und ein System klar definierter Techniken". Weitere Mitbegründer dieses Modells im Jahr 1975 waren John Grinder und Richard Bandler.

NLP lässt sich auch kategorisch einordnen als subjektive Erfahrungsstruktur. Denn es untersucht die vorhandenen Muster, auch „Programmierungen" genannt, die zwischen der Interaktion von Gehirn und Sprache entstehen und daraus dem Körper als End-produkt von Gehirn (Neuro) und Sprache (linguistic) zur Verfügung gestellt werden. Diese Kombination kann dann ein Verhalten produzieren, welches effektiv, ineffektiv oder neutral für uns sein kann.

Die Techniken entstanden durch jahrelange Forschung und Beobachtung der verschiedenen Verhaltensmuster. Die Experten haben sich den Bereichen professionelle Kommunikation, Psychotherapie, wirtschaftliche Verhandlungen, Hypnose, Rechtswesen und Erziehung auseinandergesetzt und haben ihre Forschungen bis ins kleinste Detail sehr exakt ausgeführt.

Du kannst NLP somit nutzen, um erfolgreicher zu kommunizieren, deine Ressourcen zu nutzen, verschiedenste Aufgaben zu bewältigen und deine Ziele zu erreichen. Denn in fast jedem Beruf und auch im sozialen Leben sind immer mehr Kompetenzen ge-

fragt, die über die eigentliche Fachkompe-
tenz hinausgehen.

Was genau ist mein „N" in NLP?

Wie schon oben beschrieben, steht das N in NLP für Neuro. Dieser Begriff beschreibt Nerven und deren Vorgänge, unter anderem auch im Gehirn.

Alle Wahrnehmungen, die sich aus unseren Sinnen heraus ergeben, haben Auswirkungen auf unser Gehirn. Im Gehirn werden verschiedene Sinneswahrnehmungen miteinander verknüpft und gekoppelt. Das nennen wir in der Fachsprache multisensorisch.

Wenn nun ein Signal in das Gehirn eintrifft, wird es verarbeitet, indem es mit gespeicherten, als schon mal registrierten Inhalten verglichen und verbunden wird. Neue Prozesse werden somit mit alten abgeglichen und erhalten eine Bewertung.

Diese ganzen Vorgänge haben eine Auswirkung auf dich als Person und deine Wahrnehmung. Sie bestimmen deine gesamte Sinneswahrnehmung, aber auch deine gesamten Gefühle und dein Denken.

Sie steuern unter anderem auch dein Verhalten und sind verantwortlich für deine ausführenden Handlungen.

In der Forschung gibt es viele bestimmte bildgebende Verfahren, die Gehirnaktivitäten aufzeichnen und uns Erkenntnisse darüber geben, welche Gehirnregionen für welche Art und Verarbeitung von bestimmten Informationen betroffen sind.

Auch Dauer, Intensität und Qualität der verschiedenen Gehirnreize lassen sich mit Hilfe dieser Aufzeichnungen darstellen. Somit haben wir ein großes Wissen über die bestimmten Hirnareale und wie sie miteinander kommunizieren und verknüpft sind.

Die Zielsetzung des NLP basiert nun darauf, dass wir uns dieser individuellen Wahrnehmungs- und Verarbeitungsprozesse bewusst werden und diese in unserer Kommunikation und in der Redegewandtheit mit anderen berücksichtigen können.

Das L im NLP

Das L in NLP steht für linguistisch. Das kann man auch gleichsetzen mit sprachwissenschaftlich. Denn in der NLP-Technik wollen wir verbale und nonverbale Sprache wahrnehmen und diese auch verarbeiten. Zum Beispiel kann ein gesprochener oder geschriebener Text von Menschen immer wieder anders interpretiert, aufgenommen und verarbeitet werden. Auch die Bewertung ein und desselben Textes fällt von Mensch zu Mensch unterschiedlich aus. Denn jeder Mensch hat eine andere Auffassungsgabe und die aufgenommenen Informationen werden im Gehirn von jedem anders verarbeitet.

Jeder Mensch besitzt auch einen anderen Filtermechanismus, mit dem er die aufgenommenen Informationen kürzt, und gibt schlussendlich nur einen kleinen Teil der mentalen Prozesse in der Sprache wieder. Somit werden ganz viele Mechanismen, die im Gehirn passieren, von uns gar nicht ausgesprochen und fließen meist nicht in die Kommunikation mit ein. Das NLP hat es sich hier zum Ziel gesetzt, diese subjektiven Vorgänge in das Bewusstsein zu bringen.

Das P des NLP

Das P des NLP wird gleichgesetzt mit Programmieren. Als Programm verstehen wir im NLP die individuellen Denkmuster sowie Muster und Konzepte, die wir mit unseren Sinnesreizen verarbeiten und somit ein eigenes Modell unserer Welt erschaffen und konstruieren.

Wir können in der Programmierung verschiedene Programme erkennen, sie für uns nutzen und damit auch die Macht erhalten, sie für uns selbst zu ändern. Manche Menschen verstehen daher den Begriff des Programmierens oft falsch und setzen ihn mit einer Art Manipulation gleich.

Doch dem ist nicht so.

Du kannst durch die Programmierung deine persönlichen, hinderlichen und einschränkenden Sichtweisen und Denkmodelle für dich auflösen. Somit bekommst du einen ganz neuen Horizont, dich neu zu gestalten.

Langfristig führt es dich dahin, dass du deine Aufgaben und Ziele besser bewältigt bekommst und du deine Ressourcen besser nutzen kannst, um dich zu fokussieren und Lösungen zu erarbeiten.

Du wirst auch automatisch lernen, wie du den Kontakt und die Beziehungen zu deinen Kommunikationspartnern verbesserst und für dich und deinen Gegenüber optimal ausgestalten kannst.

So kann Kommunikation für dich gelingen

Vorgehensweisen und Ansichten

Es gibt einige wichtige Grundlagen und Ansichten, die sehr wichtig sind zu verstehen, damit du die NLP-Technik für dich gewinnbringend einsetzen kannst.

Als Erstes gilt es zu verstehen, dass jeder Mensch in seiner Person einzigartig ist und seine Welt auf unterschiedliche Art und Weise wahrnimmt. Denn jeder Mensch ist einmalig. Sein Äußeres, seine Verhaltensweisen, die Art verschiedene Dinge wahrzunehmen, aber auch sein Denken und Fühlen sind in seiner Person und auf dieser Welt völlig einzigartig. Deswegen fallen auch seine Bewertungen unterschiedlich aus. Was für ihn vielleicht passend und richtig erscheint, ist für dich vielleicht negativ und völlig unpassend.

In der Technik des NLP geht es darum, deinen Gegenüber nicht zu manipulieren und ihn in eine Richtung zu ändern, wie sie für dich vielleicht richtig erscheinen mag.

Es geht vielmehr darum, dass du diesen Unterschied zwischen dir, deiner Meinung und seiner Meinung würdigst und so respektierst. Denn du kannst es nicht ändern. Du kannst es nur wahrnehmen, so wie es ist. Es ist in dem Augenblick für dich anders. Das muss aber auch nicht bedeuten, dass es für dich besser oder schlechter ist. Seine Meinung ist genau so viel wert wie deine und damit muss sie nicht deinetwegen anders sein.

Dein Geist, deine Umwelt und dein Körper bilden eine Einheit. Diese gesamte Einheit ist in der Lage, sich wechselseitig zu beeinflussen. Das bedeutet, wenn sich deine Umwelt verändert, veränderst du dich auch körperlich und geistig/seelisch mit. Denn wir müssen als Menschen in diesem System immer funktionieren und das eine zum anderen hin ausgleichen. Denn auch Veränderungen im Körper haben einen änderbaren Einfluss auf deinen Geist und deine Umwelt.

Und somit schließt sich der Kreis, wenn wiederum auch deine geistigen/mentalen/seelischen Veränderungen eine Veränderung in deinem Körper und auch in deiner Umwelt hervorrufen. Das Ganze bildet ein System, eine Einheit, die nur ineinander greifend funktionieren kann.

Hast du schon mal versucht, deinen Bürostuhl gegen einen Sitzball einzutauschen?

Denn oft ist die Sitzhaltung auf einem Bürostuhl sehr eingefahren und auf Dauer nicht gut für die Rückenmuskulatur. Wenn du nun deine Position während des Arbeiten veränderst, also deinen Körper veränderst, stärkt sich automatisch deine Rückenmuskulatur. Deine Haltung verbessert sich mit der Zeit. Das wirst du auch daran merken, dass du mehr Freude an der Arbeit hast, denn du bist nicht mehr so oft von Rückenschmerzen geplagt. Vielleicht führt das sogar dazu, dass du deinen mentalen Arbeitsprozess verbesserst und für dich optimieren kannst. Das hat auch wieder Auswirkungen auf deine direkte Umwelt. Denn durch deine verbesserte Laune und durch deine verbesserte Leistung bist du aktiver mit den Kollegen und schaffst mehr. Das hinterlässt auch bei deinen Kollegen ein positives Bild.

Nicht nur deine gesprochenen Worte, sondern jedes Verhalten ist Kommunikation.

Paul Watzlawick, ein sehr berühmter Wissenschaftler in dem Bereich der Kommunikation, hat einmal gesagt, dass wir nicht nicht kommunizieren können. Dies gilt sowohl für unsere ausgesprochene Sprache als auch für unsere Körpersprache. Unter die Körpersprache fallen zum Beispiel unsere Körperhaltung, sichtbare Bewegungen oder auch ein Nicht-Verhalten wie zum Beispiel Schweigen oder Starre.

Jedes Verhalten deines Gegenübers ist für dich wahrnehmbar und somit auch beschreibbar. Jegliche Art und Weise von Verhalten gibt dir einen Hinweis auf die innerlichen ablaufenden Verarbeitungsprozesse, die Fähigkeiten und Werte, die wir so sonst nicht wahrnehmen können.

Jeder kann einen Teil dazu beitragen, dass Kommunikation gelingt. Denn ein Gelingen der Kommunikation muss danach beurteilt werden, wie eine Botschaft beim Empfänger ankommt. Und sie darf nicht danach beurteilt werden, was der Sender sagen wollte oder vielleicht auch meinte. Sowohl die Aussage „Das hast du aber falsch verstanden" als auch die Aussage „Ich habe mich vielleicht falsch oder ungenau ausgedrückt" spiegeln hier beide gegensätzlichen Arten wieder.

Wenn der Empfänger anders reagiert als es der Sender erwartet oder beabsichtigt hat, muss das nicht die Schuld des Empfängers sein. Ich als Sender kann meine Formulierungen immer wieder überprüfen und dahingehend verändern, dass die von mir beabsichtigte Aktion oder Reaktion vom Empfänger hervorgerufen werden kann. Das ist auch eine sehr sinnvolle Technik, wenn ich das Gefühl habe, dass meine Mitmenschen mich nicht verstehen. Oder, wenn ich das Gefühl habe, dass ich bei meinen Mitmenschen nicht die Reaktion hervorrufe, die ich eigentlich beabsichtigt habe.

Hast du schon einmal aus einer Speisekarte dein Essen ausgewählt? Bestimmt. Dabei ist die Speisekarte nicht das Essen. Und wenn du auf eine Landkarte schaust, dann kannst du das Gebiet sehen, welches du vielleicht bereisen willst. Aber du kannst darauf nicht die Landschaft selbst entdecken. Denn es sind alles nur sehr vereinfachte Modelle der Wirklichkeit, die wir benutzen, um uns in entsprechenden Gebieten zurechtzufinden. Dabei gibt es auch mentale Landkarten.

Jeder Mensch hat nach Annahme des NLP eine Grundorientierung an seinen Gedanken und seinen Handlungen. Dies geschieht bewusst oder unbewusst. Doch jeder tut dies an seinem Modell der Wirklichkeit, wir sagen im Fachlichen auch: Er orientiert sich an seiner geistigen Landkarte. Diese geistige Landkarte ist eingezäunt von Einschätzungen und Bewertungen unserer Wirklichkeit. Diese geistige Landkarte basiert auf unseren Wahrnehmungen.

Das bedeutet, dass wir auf unterschiedlichste Art und Weise Sinnesreize aufnehmen und verarbeiten. Diese stehen uns dann als geistige Landkarte zur Bewältigung bestimmter Aufgaben bereit. Von außen gesehen kann ich eine solche Landkarte an der verbalen und nonverbalen Sprache meines Gegenübers erkennen. Denn unterschiedliche Landkarten können der Grund dafür sein, dass Kommunikation zu Missverständnissen und Konflikten zwischen dir und deinem Gesprächspartner führt. Deswegen solltest du für eine gelungene und erfolgreiche Kommunikation mit deinem Gegenüber die Landkarte deines Gesprächspartners kennen und erkunden.

Dabei sollte dir auch bewusst sein, dass mentale Landkarten verändert und variierbar sind. Ein ganz einfaches Beispiel: Ein Kind hat in seiner frühesten Kindheit vorgelebt bekommen, dass sein Vater nach der Arbeit sehr gestresst war. Immer wenn der

Vater nach Hause kam, setzte er sich in seinen Sessel, legte die Füße hoch, griff zum Feierabendbier und befahl der Mutter, sie solle das Essen zubereiten. Schon als Kind wurden diesem Menschen diese geistigen Wege in die Landkarte hinein geprägt. Somit projiziert dieser Mensch dieses Verhalten auch auf seinen Feierabend. Das Kind, was nun schon erwachsen ist und selber eine Familie hat, reagiert als gestandener Mann genau so, wie sein Vater es ihm vorgelebt hat. Denn seine geistige Landkarte wurde dahingehend geprägt. Wenn es ihm gelingt, seine Landkarte dahingehend zu verändern, dass sie ihm andere Wege aufzeigen kann, wird sich auch sein Verhalten verändern.

In der Kommunikation ist es aus Sicht des NLP wichtig, eine Wahl zu haben. Doch wann ist etwas wirklich eine Wahl? Wenn du nur eine einzige Möglichkeit hast, dann hast du auch keine Wahl. Bei zwei verschiedenen Möglichkeiten stehst du in der Zwickmühle, denn du kannst dich entweder für etwas oder gegen etwas entscheiden.

Erst wenn du drei Entscheidungen zur Auswahl hast, hast du auch eine wirkliche Wahlfreiheit. Du musst wissen, dass Menschen nicht einfach nur die falsche Wahl treffen. Meist stehen Menschen einfach nur zu wenige Möglichkeiten zur Verfügung.

Mit der Methode des NLP kannst du mit deinen Gesprächspartnern andere und neue Spielräume und somit auch Alternativen schaffen. Eine sehr gute Vorgehensweise und eine sehr gute Technik, um in das NLP einzusteigen ist, deinem Gesprächspartner verschiedene Auswahlkriterien zur Verfügung zu stellen. Somit fühlt dein Gesprächspartner sich nicht in die Enge gedrängt, und kann aus einer Vielzahl von Möglichkeiten die für ihn passende auswählen. Dabei geht es nicht darum, dass jede Auswahlmöglichkeit und jedes Kriterium eine eigene Art und Weise darstellt. Du kannst auch für deinen Gesprächspartner einfach nur kleine Abänderungen in der Auswahl ermöglichen, und ihn somit vor die komfortable Auswahl aus mehreren Variationen stellen.

Wir als Menschen sind so gestrickt, dass wir uns immer den einfachsten und den Weg des geringsten Widerstandes aussuchen. Denn wir müssen in jedem Augenblick unseres Lebens Entscheidungen treffen. Und meistens wählen wir den Weg aus, der für uns der optimale ist und uns den größten Nutzen bringt. Denn niemand macht gerne etwas absichtlich falsch oder gibt sich schlechter als er ist. Uns Menschen wird beigebracht, für uns und auch für andere die bestmögliche Wahl aus den Optionen zu treffen, die uns in diesem momentanen Zustand zur Verfügung stehen. Und dies funktioniert in dem Modell unserer Welt am besten.

Hattest du schon mal die Situation, dass du jemanden beobachtet hast und dir die Handlung desjenigen überhaupt nicht schlüssig war? Doch jeder Mensch hat hinter seinem Verhalten einen Sinn. Und diesen Sinn gilt es im NLP herauszufinden.

Denn möglicherweise erkennst du als Beobachter von außen nicht den Sinn des Verhaltens einer anderen Person. Dir bleibt nur der Weg, wieder die individuelle Welt, die Landkarte deines Gegenübers zu inspizieren, und somit sein Handeln und sein Verhalten zu verstehen. Denn nur das ist der Schlüssel, um im NLP erfolgreich in der Kommunikation zu sein. Schaue dir als Beobachter deinen Gesprächspartner an und interpretiere sein Verhalten. Versuche es zu verstehen und den Sinn seiner Handlungen nachzuvollziehen.

Um den vorherigen Punkt aufzugreifen und um noch mal auf das Verhalten einzugehen, können wir auch sagen, dass jeder Mensch eine positive Absicht in seinem Verhalten zugrunde hat. Aber wie kann ein Verhalten positiv gewertet werden, wenn es entweder mir selbst oder einem anderen Menschen Schaden zufügt? Diese Grundannahmen können wir trennen und das von außen erkennbare Verhalten einer Person von ihrer, meist unbewussten, positiven Absicht nehmen.

Ein kleines Beispiel dazu: Kennst du Kollegen, die einfach nicht ans Telefon gehen, obwohl du genau weißt, dass sie im Büro sind, und du ihre Hilfe nun ganz dringend brauchst? Du ärgerst dich zu Tode, denn du denkst, dass dein Kollege einfach nur völlig unkollegial, egoistisch und unfreundlich reagiert. Doch du musst sein Verhalten mit dem Hintergrund seiner eigenen Landkarte sehen.

Was ist genau passiert?

Vielleicht konnte dein Kollege nicht ans Telefon gehen und dir keine Hilfe anbieten, weil er gerade zu einem wichtigen Termin aufbrechen musste und gerade noch seine Sachen im Büro zusammengeräumt hat. Vielleicht schämt er sich auch einfach, weil er dir wichtige Informationen und Papiere zur Zuarbeit nicht gegeben hat. Nun mach er sich still und heimlich aus dem Staub zu seinem Termin und du erreichst ihn nicht. Andere, die dieses Beispiel nur lesen, würden auch denken, dass es völlig inakzeptabel ist, dieses Verhalten zu dulden.

Doch was ist die Absicht von dem Verhalten des Kollegen?

Er möchte unbedingt pünktlich zu seinem anderen Termin kommen und gleichzeitig dem Konflikt mit dir aus dem Weg gehen. Im NLP geht es darum, hinter jedem Verhalten eine positive Absicht zu erkennen. Auch, wenn dieses Verhalten für diesen Augenblick keine positive Einsicht lässt. Doch jeder Mensch bringt, meist auch unbewusst, einen positiven Aspekt in seinem Verhalten mit sich. Dadurch können wir die Möglichkeit eröffnen, die andere Person besser in ihrer Kommunikation und in ihrem Verhalten zu erreichen. Wir verstehen, was der andere damit beabsichtigt. Das bedeutet nicht, dass du gutheißen musst, wie sich dein Kollege dir gegenüber oder vielleicht auch Mitarbeitern verhält. Es geht lediglich darum, mit einer sehr einfachen Methode zu verstehen, warum jemand sich so verhält, wie er es gerade tut. Denn aus einem im ersten Augenblick negativen und entfremden Verhalten kannst du so mit dem Gespräch leichte Veränderungen herbeiführen.

Wenn du dich in einem Autounfall befindest und das Leben einer Person in dieser Gefahrensituation retten musst, sind laute, kurze Sätze und klare Anweisungen sehr hilfreich und nützlich. In einem Gespräch, was du zum Beispiel zur Einarbeitung mit einem neuen Mitarbeiter führst, können diese lauten, kurzen und umschreibenden Anweisungen jedoch sehr unpassend und hinderlich für die Situation sein. Das bedeutet, dass ein bestimmtes Verhalten nicht immer in allen Kontexten gleich nützlich und passend ist.

Ziel im NLP ist es, für einen bestimmten Kontext der Situation das passende Verhalten zu finden. Sprich, im Berufsalltag den passenden Kontext mit den Mitarbeitern und mit dem Vorgesetzten zu finden, im privaten Bereich den passenden Kontext und das passende Verhalten mit der Familie zu finden, im Sportverein den passenden Kontext und das passende Verhalten mit Freunden und Mitsportlern zu finden. Das ist nicht immer einfach. Doch du kannst als sehr einfache Übung die bestimmten Situationen, in denen du dich immer wieder befindest, aufschreiben.

Nun kannst du passend zu der Situation beschreiben, welches Verhalten in welchem Kontext angebracht ist.

Wie kannst du in dieser konkreten Situation angemessen mit deinen Mitmenschen sprechen?

Jeder Mensch bringt besondere Ressourcen mit sich. Das ist ebenfalls ein sehr wichtiger Punkt, den es zu verinnerlichen gilt. Du trägst in dir eine Menge an Fähigkeiten und Ressourcen. Die meisten derer, die dir zur Verfügung stehen, sind dir allerdings gar nicht richtig bekannt. Somit schöpfst du meistens dein Potenzial gar nicht richtig aus. Eine gute Technik bzw. eine gute Vorgehensweise gerade für den Anfang ist es, dass du dir deiner gesamten Stärken, Fähigkeiten und Ressourcen bewusst wirst. Eine schnelle und effektive Übung dazu ist es, dass du dir eine Liste mit den Dingen anlegst, die dir spontan als deine Stärken und Ressourcen einfallen. Wenn du damit fertig bist, gehe tiefer in dich und schaue nach, ob es da vielleicht nicht noch mehr Stärken gibt, die noch in dir verborgen liegen. Manchmal gibt es bestimmte Situationen, in denen du eine besondere Stärke genutzt hast, die dir bis dato gänzlich unbekannt war. Schaue dir dein Leben noch einmal wie in einer kleinen Reflektion an. Da gibt es sicherlich einige Situationen, in denen du noch unbekannte Talente an dir und in dir erkennen kannst.

Ein weiterer Grundpfeiler des NLP besagt, dass jeder Mensch die Fähigkeit besitzt, das zu lernen, was andere Menschen auch können.

Entdeckst du etwas, das dein Kollege sehr gut kann, du aber bis jetzt noch nicht beherrschst oder wo du der Meinung bist, dass diese Fähigkeit bei dir noch ausbaufähig ist? Dann baue diese aus. Denn die Annahme im NLP ist, dass wir Menschen als Modell fungieren.

Wir können uns ein Verhalten abschauen und können dieses in unsere mentale Landkarte einfließen lassen und es so zu unserem eigenen Weg machen. Somit erlangen wir mehr Wege, die es uns ermöglichen, auf unserer mentalen Landkarte nach Lösungen zu schauen. Umso mehr Fähigkeiten und Ressourcen du von dir selbst kennst, desto wendiger und effektiver wirst du werden, wenn es darum geht, Lösungen für bestimmte Situationen zu finden.

Ist es dir auch schon mal passiert, dass du einen Fehler gemacht und dann von anderen Menschen dazu eine Rückmeldung bekommen hast?

Das passiert ganz häufig. Oft tragen wir dann die Annahme in uns, dass eine Rückmeldung ein Fehler sei, denn sie ist eine Abweichung vom gewünschten Ziel. Doch Menschen können diese Rückmeldung als Chance ergreifen und somit ihre Perspektive verändern.

Wenn du deinen Fehler nun aus diesem Blickwinkel betrachtest und ihn als die Grundlage für deine Lösung ansiehst, wird sich dein Denken fundamental verändern. Denn diese Abweichungen und damit neuen Blickwinkel zeigen dir Möglichkeiten, wie du dein Verhalten nachbessern kannst und zeigen dir einen neuen Weg zu deinem gewünschten Ziel. Somit kannst du jede Kritik, jede Rückmeldung, als eine Chance sehen, dein Verhalten zu verbessern. Dieser Punkt greift auch den vorherigen auf, denn somit kannst du neue Dinge erlernen und auch in diesem Punkt deine mentale Landkarte modellieren und verbessern.

Es gibt immer wieder Situationen, in denen etwas nicht so funktioniert, wie es eigentlich sein sollte. Die meisten Menschen erhöhen dann ihre Anstrengung. Wenn es dann immer noch nicht klappt, sind sie völlig frustriert und erhöhen ihre Anstrengung noch mehr. Das macht aber meist alles nur noch schwieriger. Der schon im vorherigen Verlauf des Textes erwähnte Paul Watzlawick übte an diesem Prinzip sehr harte Kritik.

Denn wenn wir immer mehr desselben geben, ist das nur ein Festhalten an einem Verhalten, das vielleicht in vorherigen Abschnitten richtig war.

Dabei übersehen wir meist andere Lösungsmöglichkeiten.

Die Lösung für solche Überanstrengungen wäre ein gewisses Maß an Flexibilität. Denn mit der Flexibilität können wir neue Lösungswege versuchen und etwas ganz Anderes tun. Und das bringt uns meistens auf einen Weg, mit dem wir ohne große Anstrengung eine bestmögliche Lösung für das Problem entwickeln können. Denn diese Sichtweise führt auch aus dem Schuldprinzip heraus. Nicht jemand anderes ist schuld an meiner Situation.

Mit dieser Einstellung, dass ich nicht immer nur dasselbe tue, sondern eine Flexibilität entwickele in meinen Lösungen, bringt mich dahin, dass ich nicht mehr erwarte, dass sich meine Umwelt verändert, damit etwas für mich gelingt. Mit dieser Annahme der Flexibilität übernehme ich selbst die Verantwortung und kann mein Verhalten eigenständig verändern.

Flexibilität bedeutet, dass du viele verschiedene Möglichkeiten zur Auswahl hast. Und in einem System kontrolliert die Person den gesamten Ablauf, die die meisten Wahlmöglichkeiten zur Verfügung stellt.

Denn diese Person ist das flexibelste Element in einem System. Sie kann neue Verhaltensweisen einsetzen und ist damit am ehesten in der Lage, neue Impulse miteinzubringen und so schwierige und für andere unüberwindbare Situationen zu meistern.

Einen Rapport herstellen

In der Kommunikation mit Menschen ist es einfach elementar, dass sich die beteiligten Gesprächspartner angenommen und verstanden fühlen. Dazu müssen alle Beteiligten die Bereitschaft mitbringen, die aufkommenden Unterschiede aller zu akzeptieren und jeden Gesprächspartner als gleichwertig anzuerkennen. Diese Methode wird in der NLP als Rapport bezeichnet.

Es mimt den respektvollen Umgang mit den Gesprächspartnern und bildet einen gemeinsamen Nenner, von dem die beteiligten Gesprächspartner als Basis aus starten können. Alle, die am Gespräch beteiligt sind, egal, welche Rolle sie dabei bekleiden, haben als grundlegende Aufgabe, den Rapport herzustellen. Denn der Rapport ist die Grundlage, um eine tragfähige Beziehung aufbauen zu können. Er ist auch der Ausgangspunkt, von dem aus alle Beteiligten eine persönliche Akzeptanz herstellen. Auch wenn sie sich in inkongruenten Situationen zueinander befinden. Diese meinen zum Beispiel Konstellationen wie Schüler zu Lehrer oder wie Angeklagter zu Richter.

Der Rapport ist auch die Wurzel, um Veränderungen oder Entscheidungsprozesse herbeiführen zu können. Dies ist zum Beispiel im Verkauf oder in der Beratung sehr elementar. Mit dem Rapport können die beteiligten Gesprächspartner auch Störungen überwinden und leichter eine Lösung für ein bestehendes Problem finden. Denn nur wer in einem Gespräch einen Rapport herstellt, der findet auch die Gemeinsamkeiten heraus. Denn die Gemeinsamkeiten verbinden uns mit dem Gegenüber und schaffen somit eine Basis des Vertrauens. Im NLP ist der Rapport eine Grundvoraussetzung, damit Kommunikation gelingen kann.

Im nächsten Schritt zum Rapport, dem Pacing, geht es darum, den Rapport aktiv zu gestalten. Wenn wir Pacing übersetzen, dann bedeutet es in etwa so viel wie Schritt oder Gangart. Das Pacing beschreibt im NLP einen Vorgang, mit dem du dich als

Gesprächspartner der Gangart, im übertragenen Sinne, des Gespräches anpassen kannst. Du stellst dich auf die Schritte deines Gesprächspartners ein. Du kannst hier seine Signale aufnehmen, aber auch zurückgeben. Dieses Vorgehen ähnelt einer Spiegelung. Durch das Angleichen des Verhaltens an deinem Gegenüber baust du auf mehreren Ebenen ein Vertrauen auf.

Zum Beispiel lässt sich das sehr gut bei frisch verliebten Paaren beobachten. Sie verhalten sich meist gleich in ihrer Körpersprache. Auch wenn Menschen miteinander spazieren gehen, gleichen sie ihre Schrittlänge und ihre Schrittintensität an.

Hast du schon einmal mit einem Kleinkind gesprochen?

Wahrscheinlich wirst du bemerkt haben, dass du auch deine Sprache und dein Verhalten dem Alter des Kindes angemessen veränderst. Du wirst dich zu ihm runtergebeugt haben und mit ihm in einer leicht verständlichen, kindlichen Sprache gesprochen haben. Das Gleiche geschieht auf der verbalen sowie nonverbalen Ebene. Es ist auch oft zu beobachten, dass Experten mit Laien ganz anders im Gespräch umgehen. Sie benutzen weniger Fremd- und Fachwörter und versuchen damit sich sprachlich in der Welt ihres Gesprächspartners zu bewegen. Der Experte sucht Begriffe und Wörter, die beide verstehen und nachvollziehen können.

Pacing findet auf allen Seiten der Kommunikation statt, also auf allen Kanälen, auf denen Menschen Signale aussenden. Das bedeutet auch, dass alle diese Kanäle genutzt werden können, um einen Rapport aufzubauen:

In der Gestik können wir die (Hand-)Bewegungen angleichen.

In der Körperhaltung können wir eine ähnliche oder angleichende Kopfhaltung einnehmen oder die Beinbewegungen oder -haltungen angleichen.

Im sprachlichen Ausdruck können wir eine ähnliche Wortwahl treffen, das Sprachmuster und das Niveau der Sprache angleichen, aber auch eine ähnliche Satzlänge und Satzaufbaugestaltung wie unser Gegenüber wählen.

Auch die Sprechweise lässt sich als Kanal angleichen, indem wir die Stimmlage, die Lautstärke, die Betonung und die Geschwindigkeit der gesprochenen Sprache angleichen.

Pacing kann auch dahingehend passieren, dass wir unseren Gesprächspartner in seiner bevorzugten sprachlichen Ebene ansprechen und wir ihm uns somit in seiner sinnesspezifischen Verarbeitungspräferenz angleichen.

In einem Gespräch Gemeinsamkeiten herauszufinden, wie zum Beispiel gemeinsame Interessen, Werte oder auch Hobbys, kann uns unseren Gesprächspartner auf dem Weg mit dem Pacing näherbringen.

Gerade wichtig für Anfänger ist, dass du sehr gut auf die Art und Weise achtest, wie du dein Pacing ausführst. Denn dieses sollte nicht zum Nachäffen deines Kommunikationspartners werden. Es wäre daher sehr gut, wenn du das Pacing erst einmal übst mit Menschen, die du kennst und die dir vertraut sind. Denn ein Nachäffen macht dich eher unseriös und baut nicht das Vertrauen auf, was du damit erreichen möchtest. Du solltest bei deinen Übungen dich dahingehend schulen, immer das richtige Maß zu achten und deine Spiegelungen auf mehreren Ebenen wohldosiert und respektvoll anzubringen.

Das Leading

Das Leading ist ein weiterer Punkt, der im NLP sehr wichtig ist. Die Begrifflichkeit des Leadings steht dafür, Menschen führen zu können, die Richtungen zu ändern und sich dem Gegenüber anzuvertrauen.

Im NLP ist das Pacing die Grundbedingung, um das Leading durchführen zu können. Du kannst als Führender schnell und einfach überprüfen, ob ein ausreichender Rapport zum Gegenüber besteht. Meist bestehen das Gespräch und der Kontakt schon einige Zeit und du als führender Gesprächspartner spiegelst auf verbaler und nonverbaler Ebene die Signale deines Gesprächspartners.

Nun gibt es an dieser Stelle den Übergang zum Leading. Du kannst deine Körperhaltung, deine Sprechgeschwindigkeit oder auch deine Stimmhöhe verändern. Wenn dein Gesprächspartner nun mitgeht und sich deinem Verhalten angleicht, ist ein erfolgreicher Rapport wieder hergestellt und es besteht wieder eine gute Basis für eine weitere Kommunikation. Somit ist das Leading die Basis, andere und neue Wege zu gehen. Denn eine Veränderung im Verhalten des Führenden kann die Stimmung und die Atmosphäre verbessern und auch alternative Sichtweisen oder andere Herangehensweisen und Ziele schaffen.

Dein Leading ist dann erfolgreich, wenn es eine gemeinsame Basis der Kommunikation gibt und ein Vertrauen existiert, ein gegenseitig bedingter Respekt und eine Achtung gegenüber der Welt und den Werten des Gesprächspartners bestehen und beide Gesprächspartner auf verbaler sowie nonverbalen Ebene Veränderungen beim anderen wahrnehmen können und diese sensibel wertschätzen und anbringen.

Wenn es dir zum Beispiel nun als Personalleiter gelungen ist ein konstruktives Pacing anzuwenden, und somit einen guten Kontakt zu einem Bewerber aufzubauen und sein Vertrauen zu gewinnen. Du nimmst wahr, dass dein Bewerber sehr angespannt ist und möchtest diese Anspannung lockern, indem du zum Leading übergehst. Du kannst durch das Leading eine verkrampfte Sitz- oder Körperhaltung lösen. Nach und nach kannst du den Bewerber in einen entspannten und natürlichen Zustand überführen. Dabei verlangen du und auch der Bewerber einen natürlichen und entspannten Zustand. Der Bewerber wird dir folgen und mit dir das Gespräch gemeinsam finden, in der gewünschten Atmosphäre.

Der zentrale Gedanke des NLP

Im NLP geht es unteranderem darum, dass du präzise Fragen zum Einsatz bringst und damit wichtige Details und Zusammenhänge herausfinden kannst. Dein Ziel besteht darin, dass ein gegenseitiges Verständnis erhöht wird und somit neue Lösungsansätze praktikabel gemacht werden können.

Der zentrale Gedanke des NLP bezieht sich auf die Sprache und die damit auch einhergehenden verschiedenen Strukturen. Es gibt in der Sprache eine Oberflächenstruktur und eine Tiefenstruktur. Dabei haben die konkret geäußerten Worte Folgen und setze die Oberflächenstruktur.

Die Oberflächenstruktur zeigt sich in der Art und Weise des Sprechens, in der Wortwahl, in der Form des einzelnen Satzes und dem Satzbau. Die Tiefenstruktur gibt dabei der Oberflächenstruktur ihre Bedeutung. Denn durch sie erhalten die Worte ihre Inhalte und Informationen.

Dieses eben beschriebene Konstrukt nennt man im NLP das „Meta-Modell der Sprache".

Dabei ist es wichtig zu verstehen, dass ein Wort eine Verbindung zu mehreren tiefen Strukturen aufweisen kann. Dadurch entsteht in der Sprache eine Mehrdeutigkeit. Ein ganz einfaches Beispiel dafür ist, dass die Formulierung, jemandem einen Korb zu geben, mehrere Bedeutungen aufweisen kann.

Man kann damit meinen, dass ich jemandem einen Behälter aus einem Geflecht geben kann, aber auch, dass ich jemanden in seiner Ambition, mich zu umwerben, abweise. Andersherum kann eine bestimmte Tiefenstruktur aber auch zu verschiedenen Oberflächenstrukturen transformiert und umgewandelt werden.

Somit können wir die Ablehnung eines Umwerfenden mit „Sie gibt ihm einen Korb" beschreiben, als dass wir auch sagen könnten „Sie wimmelt ihn ab" oder „Sie findet ihn unattraktiv". Auf dem Weg von der Tiefenstruktur zu Oberflächenstruktur der konkreten Sprache gibt es drei Vorgänge, die eine präzise Funktion haben:

Viele Menschen selektieren die Tilgung der ihnen vorliegenden Informationen; das bedeutet, dass sie einfach ausgelassen, also getilgt werden.

Durch Verzerrung werden Informationen vereinfacht; die eigentliche Bedeutung wird dadurch verzerrt, verändert.

Eine Erfahrung oder eine Information aus einem Bereich in der Übertragung auf einen anderen Bereich wird verallgemeinert; dies geschieht ohne Ausnahme und ohne besondere Bedingungen zu berücksichtigen.

Um Kommunikation erst möglich zu machen, gibt es den Sinn hinter der Verallgemeinerung, der Tilgung und der Verzerrung. Sonst würden Gespräche einfach endlos dauern und die Gesprächspartner würden sich in unzähligen Details verlieren. Doch meist verkürzen Menschen in dieser unbewussten Tätigkeit auch die Inhalte ihrer Botschaften so sehr, dass es zu Missverständnissen kommen kann. Deswegen ist es wichtig, dass du, als Technik für NLP, die Tilgung des Gesprächspartners hinterfragst.

Du erkennst eine wichtige Tilgung daran, dass sie in der Aussage deines Gesprächspartners als Information zum Entschlüsseln des Kontextes fehlt. In der Sprache können solche Aussagen unterschiedliche Formen haben.

Eine einfache Tilgung erkennst du daran, dass jemand aussagt, dass er überrascht ist. Dein Kollege sagt, er ist überrascht. Doch was hat ihn überrascht? Welches Ereignis oder welcher Mensch hat ihn überrascht?

Eine vergleichende Tilgung erkennst du daran, dass zum Beispiel der Lehrer aussagt, die Ergebnisse der Klassenarbeit waren schlechter. Hier kannst du hinterfragen, nach welchem Maßstab diese Ergebnisse schlechter waren oder als was sie schlechter waren.

Eine weitere Art der Tilgung sind unspezifische Verben. Als Beispiel kennst du bestimmt: Das Essen schmeckt nicht gut. Doch was genau hat dir daran nicht geschmeckt? Welche Komponente war für dich geschmacklich nicht akzeptabel? Lag es an der Zubereitung oder an der Konsistenz selbst?

Die Nominalisierung bietet uns eine weitere Möglichkeit der Tilgung. Ein Beispiel hierfür ist das jemand aussagt, dass ein Schüler sich zum Beispiel mehr Anerkennung wünschen würde. Doch was genau soll an dem Schüler anerkannt werden? Wie wünscht er sich diese Anerkennung? Und vor allem von wem möchte er diese Anerkennung haben, ist es ein spezieller Lehrer oder sind es die Schüler?

Auch der fehlende Rahmen des Bezuges kann eine Tilgung sein. Ein ganz einfaches Beispiel dazu ist, dass jemand aussagt. Das geht so nicht. Doch was genau geht so nicht? Wieso geht es so nicht, wer sorgt dafür, dass es so nicht gehen kann?

Bild der Wirklichkeit

Auch die Verzerrungen gilt es zu hinterfragen. Denn jeder Mensch hat ein anderes Bild der Wirklichkeit. Und dieses drückt er auch in seiner ganz eigenen Sprache aus. Denn meist sind die Meinungsverschiedenheiten eine Grundlage dafür, dass der eine Gesprächspartner vom anderen behauptet, er hätte eine verzerrte Wahrnehmung.

Damit möchte der eine nur aussagen, dass der Gesprächspartner eine völlig andere Meinung und ein völlig anderes Bild der bestehenden Situation hat und es somit zu einer inkongruenten Bewertung der Situation kommt. Im Kommunikationsprozess des NLP geht es darum, diese beiden indifferenten Bilder in Einklang miteinander zu bringen.

Denn oft bestehen solche Konflikte dann, wenn die beiden beteiligten Personen im Gespräch nicht ihre individuellen Vorannahmen reflektieren können und sich damit eine Verzerrung des Gespräches zeigt.

Auch hier gilt es, die Verzerrungen des Gesprächspartners aufzulösen.

Eine mögliche Art der Verzerrung ist es, Gedanken lesen zu können. Eine häufige Aussage ist dabei „Du magst mich nicht", doch woher nimmst du diese Annahme? Woher weißt du, dass ich dich nicht mag?

Verlorene Zitate sind auch eine Möglichkeit der Verzerrung. Hier werden oft Sprichwörter angebracht, wie „Du musst deinen Teller aber leeressen". Wer behauptet diese Aussage? Wann ist diese Aussage richtig? Wer hat das überhaupt gesagt und wann gilt es und wann gilt es nicht?

Eine weitere Art der Verzerrung bietet ein fehlerhafter Zusammenhang zwischen Ursache und Wirkung. Eine oft getätigte Aussage ist hierbei „Ich bin so wütend auf meinen Kollegen". Doch womit macht dich der Kollege wütend? Welches Verhalten legt er an den Tag, was diese Wut auslöst?

Die komplexe Äquivalenz bietet die letzte mögliche Art der Verzerrung. Eine oft getätigte Aussage hier ist: „Sie kann mich gar nicht verstehen, weil sie mich nicht anschaut". Doch hatte dich vielleicht schon mal jemand verstanden, der dich nicht angeschaut hat, während du mit ihm gesprochen hast? Denn dies geschieht zum Beispiel oft am Telefon.

Verallgemeinerung

Auch im Punkt der Generalisierung gilt es, dies im NLP immer wieder zu hinterfragen. Ohne, dass wir die Fähigkeit besitzen würden, Dinge zu verallgemeinern, könnten wir nichts lernen und auch nichts wirklich erklären. Denn wenn nicht mal irgendjemand die Erkenntnis verallgemeinert hätte, dass wir bestimmte Lebensmittel essen können, müssten wir immer noch wieder und wieder bei jedem Baum, Strauch und bei jeder Frucht aufs Neue probieren, ob diese genießbar oder giftig sind. Dabei sind nicht alle Verallgemeinerungen sinnvoll.

Denn wenn eine bestimmte Aussage unsachgemäß ausgedehnt wird und diese damit ihre allgemeine Gültigkeit verliert, dann kann das in der Kommunikation auch schnell mal sehr hinderlich werden. Du kannst mit speziellen und gezielten Fragen deine Formulierungen in ihre Gültigkeitsbereiche eingrenzen.

Eine Art der Generalisierung ist die Universalbezeichnung. Ein universeller Satz könnte folgendermaßen lauten: „Das versteht sowieso niemand." Ist damit tatsächlich jeder gemeint? Kann das wirklich niemand verstehen oder gibt es Menschen, die das verstehen können?

Der verallgemeinerte Bezugsrahmen kann ebenfalls eine Art der Generalisierung sein. Ein gutes, beispielhaftes Klischee ist: „Männer können besser einparken." Doch können das wirklich alle Männer? Wer kann nicht so gut einparken? Bedeutet dies, dass keine Frau gut einparken kann?

Eine weitere Art der Verallgemeinerung ist die Anwendbarkeit der Modalverben. Zum Beispiel: „Ich muss das jetzt machen." Was ist der Grund dafür? Muss es wirklich jetzt sein? Wirst du dazu gezwungen?

Neben den Modalverben der Anwendbarkeit gibt es auch die Modalverben der Möglichkeit, die eine Art der Generalisierung darstellen. Ein Beispielsatz dafür kann sein: „Mir ist es nicht mehr möglich, dass ich weiterarbeite." Doch warum ist das nicht mehr möglich? Wer oder was hindert dich daran?

Auch der fehlende Bezugsrahmen bildet eine Art der Generalisierung. „Das geht so nicht." Doch was genau geht so nicht? Warum geht es nicht mehr?

Die richtigen Fragen

Mit den Meta-Modell-Fragen hast du einige sehr hilfreiche Instrumente, mit denen du deine Kommunikation im Prozess verbessern kannst und das NLP für dich in der Anwendbarkeit verbesserst. Denn in vielen Fragen lässt sich der Kern des Problems schon klar darstellen.

Die Ursache und die Wirkung können im Dialog meist geklärt werden. Dabei solltest du bedenken, dass dein Gespräch, in Klärung dieser Fragen, keinen Charakter eines Verhöres annimmt. Das Gespräch sollte ein ständiger Fluss sein und bleiben.

Dazu gehört der Rapport im Gespräch an die erste Stelle. Denn wenn du mit deinem Gegenüber nicht im ständigen Kontakt stehst, wird dir dieser nicht mehr zuhören.

Die gegebenen Antworten bringen nicht den Nutzen, den sie im Kontext erzielen können. Es ist wichtig, dass du darauf Acht gibst, dass die Fragen und Antworten sich im Gespräch die Waage halten. Dazu kannst du deine Fragen in das Gespräch mit einfließen lassen und nicht nur eine Frage nach der anderen stellen. Denn die Fragen sind auch ein Teil des Leadings. Denn mit den geschickten Fragen führst du deinen Partner an die Lösung eines bestimmten Problems heran oder kannst Kommunikationsbarrieren entlarven.

Wie oben auch schon kurz eingehend angemerkt, solltest du diese gesamten Techniken erst einmal privat erproben, bevor du sie im dienstlichen Alltag anwendest. Denn um sie souverän anzuwenden, solltest du mit ihnen eine gewisse Routine haben. Sonst kann das Ganze auch mal nach hinten losgehen und dein Gespräch nimmt nicht den Verlauf, den du dir wünschst. In der Anwendung des Meta-Modells solltest du Fragen nach dem Warum vermeiden. Denn viele Menschen fühlen sich durch eine Warum-Frage angegriffen und meinen sich rechtfertigen und erklären zu müssen. Das kann eine indirekte Abwehrhaltung bei deinem Gesprächspartner auslösen. Und diese

Abwehrhaltung führt letztendlich dazu, dass die Kommunikation zwischen dir und deinem Gesprächspartner in wenig sinnigen Bahnen läuft.

Körpersprache deuten und verstehen

Dein Körper spricht immer. Auch wenn du mit deiner verbalen Sprache schweigst, kommuniziert dein Körper ständig nach außen hin. Und selbst beim Reden sprichst du stets zwei Sprachen.

Die der Worte und die des Körpers.

Aber nicht immer stimmen die Sprache des Körpers und die gesprochene Sprache miteinander überein. Dabei sagt unser Körper meist die Wahrheit. Denn wenn wir die Lippen kräuseln, die Augenbrauen hoch ziehen und die Arme vor dem Körper verschränken, zeigt das eher eine Abneigung.

Wenn die gesprochenen Worte nun aussagen, dass wir uns freuen und jemanden herzlich empfangen wollen, dann ist die gesprochene Sprache mit der körperlichen Sprache inkongruent. Dabei können wir uns mehr auf die Sprache des Körpers verlassen, da diese mehr über den Wahrheitsgehalt und das momentane Befinden aussagt. Denn solche Mikrogesten geben einen Aufschluss über die wahren Gefühle und Gedanken.

Denn erst wenn die nonverbalen Signale mit den ausgesprochenen Worten übereinstimmen, entsteht für den Zuhörer ein stimmiges Bild und es kommt bei dem Gesprächspartner zu einem Gefühl von Authentizität und Glaubwürdigkeit.

Daher spielt gerade auch die Körpersprache eine sehr wichtige Rolle. Und das gilt in allen Bereichen des Lebens. Egal ob du im Vorstellungsgespräch bist, ob du in einer Verhandlung mit einem Kunden bist oder ob du beim Smalltalk im Bekanntenkreis bist.

Die Kunst dabei besteht nun im NLP auch für dich darin, die Körpersprache und die kleinen Mikrogesten deines Gesprächspartners zu deuten und zu verstehen. Nur so

kann das Modell des NLP auch gut und sicher gelingen.

Der Verräter des Status

Viele landläufige Meinungen gehen dahin, dass Kleider Leute machen. Aber das Gegenteil wird mit dem Statusspiel deutlich. Du kannst dieses Spiel mit zwei oder vier Mitspielern spielen. Es gibt dazu einen Stapel mit Karten von eins bis vier. Diese Zahlen stellen einen fiktiven sozialen Rang dar, dabei ist die Eins die höchste Stufe und die Vier ist die unterste.

Jeder zieht nun also eine Karte und legt diese verdeckt vor sich hin, ohne die darauf stehende Zahl seinen Mitspielern zu verraten. Jeder Spieler muss sich nun seiner Nummer zugeordnet dem Status konform verhalten. Nummer eins dominiert dabei alles und Nummer vier bleibt die ganze Zeit verhalten und eher devot. Bei zwei und drei ist das eher ein bisschen kniffeliger. Die müssen ihre genauen Rollen erst richtig finden. Sowohl für die Mitspieler als auch vielleicht etwaige Zuschauer wird schnell klar, welchen Rang die Spieler haben. Und das ganz ohne dass sie ihre Kleidung oder ihren Schmuck verändern müssen. Ohne jegliche äußeren Statussymbole kann nur mit Hilfe der Sprache, verbal und nonverbal, der jeweilige Status geklärt und klargemacht werden. Denn es sind die Gesten, die ihn verraten.

Die Position mit Power

Möchtest du dich auch außerhalb des Status-Spiels in einer erfolgreichen Pose bringen und auch halten? Dann ist die Power-Pose genau das Richtige für dich. Denn damit kannst du mit einfachen Gesten und Verhaltensweisen einen höheren Status generieren und beherrschen.

Im ersten Schritt ist für deine Power-Pose das Lächeln ganz wichtig. Denn das Lächeln hat mehrere positive Eigenschaften. Denn mit einem grundehrlichen Lächeln wirkst du nicht nur sympathischer, sondern es verändert sich dadurch auch deine komplette Körperhaltung.

Du wirkst automatisch offener und positiver. Denn wenn du andere Menschen anlächelst, wirkst du aufgeschlossen und bist das auch noch. Denn Lachen und Lächeln verbessern sogar nachweislich deine Laune zum Positiven. Selbst, wenn das nur simuliert ist, wirst du merken, dass sich deine Laune spürbar verändert. Denn wenn deine

Mundwinkel bis zu einem gewissen Grad nach oben gezogen werden, stimuliert das automatisch die Ausschüttung verschiedener Glückshormone. Denn nicht umsonst gibt es vielen Städten die Praktiken des Lach-Yoga.

Auch das aufrechte Stehen und Sitzen verbessert deine Ausstrahlung ins Positive. Denn eine aufrechte Position ist nicht nur für die Gesundheit des Rückens und des Körpers wichtig, sondern auch für die positive Wirkung auf andere Menschen essenziell. Wenn du aufrecht sitzt und stehst, die Schultern nach hinten führst und deinen Brustkorb anhebst, wirkst du automatisch viel selbstsicherer, ruhiger und selbstbewusster.

In dieser Haltung fällt dir aber auch die Atmung leichter, was auch automatisch die Kraft deiner Stimme verbessert. Auch die insgesamt größere Wirkung deiner Statur verändert dein äußeres Erscheinungsbild. Es verleiht dir automatisch mehr Status und lässt dich erfolgreicher und sicherer in deiner Person wirken.

Es gibt aber auch Verhaltensweisen, die du nur leicht dosiert und mit Bedacht anwenden solltest, da sie zwar einen potenziell positiven Wert haben, aber auch einige Risiken mit sich bringen. Denn gerade beim Einsatz dieser Gesten ist der Grat zwischen einem dosierten Einsatz und einer übertriebenen Anwendung sehr schmal.

Darunter fällt auch zum Beispiel das Falten der Hände. Diese Geste wurde mit dem Eintritt von Angela Merkel als Bundeskanzlerin sehr geprägt. Sie faltet oft ihre Hände vor dem Bauch und bildet so eine Raute. Diese Geste kann in einer passenden Situation mit der passenden Körperhaltung sehr beruhigend und besinnend wirken. Diese Geste kann man auch gleichsetzen mit der bekannten „Denker-Pose".

Wenn du deine Geste allerdings zu einem falschen Zeitpunkt einbringst oder bei einem aufgeregten Gesprächspartner anwendest, kann diese Pose auch schnell mal überheblich und lächerlich wirken.

Auch der Blickkontakt mit anderen ist im Gespräch wichtig. Denn ein regelmäßiger Augenkontakt ist ein eindeutiger Akt der Höflichkeit. Der Blickkontakt drückt aber auch Interesse, eine Selbstsicherheit und eine Aufrichtigkeit aus. Jedoch solltest du es mit dem Blickkontakt nicht übertreiben. Denn aus Augenkontakt kann auch schnell mal ein Anstarren werden und aus der eigentlich gewürdigten Aufmerksamkeit wird eine unangenehme Fixierung.

Es gibt eine Studie, die besagt, dass der gehaltene Augenkontakt nicht länger als 3,3 Sekunden am Stück fixiert gehalten werden sollte.

Der Blickkontakt, direkt in die Augen, kann auch auf das sogenannte Face Triangle ausgedehnt werden.

Mit dem Face Triangle meint man ein gedachtes Dreieck, das sich über die Augen und den Mund erschließt. Du kannst deinen Blick über diesen Bereich schweifen lassen und vermittelst deinem Gesprächspartner damit auch noch Aufmerksamkeit, ohne ihn jedoch ununterbrochen anzustarren.

Dann gibt es aber auch immer wieder Gesten, die von deinem Gesprächspartner als negativ aufgenommen werden. Denn meist hinterlassen diese bei deinem Gegenüber einen schlechten Eindruck. Du kannst zum Beispiel komplett unsympathisch wirken und bei deinem Gegenüber eine Abwehrreaktion hervorrufen. Und das sollte ja in jedem Fall vermieden werden.

Darunter fällt unter anderem die Pose, sich an die Nase zu fassen. Eine ganz alltägliche und meist sehr vertraute Geste ist es, sich mit zwei Fingern an die Nasenwurzel zu greifen oder sich mit den Händen über das Gesicht oder den Nacken zu fahren. Doch leider sind diese Gesten ein Ausdruck von Stress und ein Zeichen für Druck und Frustration. Und das sind leider keine Eigenschaften, die dich bei deinem Gesprächspartner in ein positives Licht rücken. Deswegen gilt es für dich unbedingt, diese Gesten im Job oder bei wichtigen Verhandlungen im Gespräch zu unterlassen. Denn es signalisiert nicht nur Stress, sondern auch Unhöflichkeit.

Eine weitere Pose, die nicht angebracht ist, ist das Verschränken der Arme. Denn die Arme zu verschränken und wenn möglich auch noch den Blick abzuwenden, gibt deinem Gegenüber Signale der Distanzierung und zeigst, dass du körperlich auf Abstand gehen möchtest. Zudem wirken die verschränken Arme vor der Brust wie ein Schutzwall.

Diese verschlossene Wirkung ist vielen Menschen mit der Verbindung dieser Geste sehr bekannt, trotzdem lässt ausgerechnet sie sich in vielen Gesprächen beobachten. Da kann es sich hilfreich für dich sein, wenn du regelmäßig übst und dir immer wieder die Wirkung und die Haltung bewusst machst. Nur so kannst du diese Haltung in der Zukunft vermeiden. Anders herum kannst du deinem Gesprächspartner natürlich so auch völlig klar signalisieren, dass du das Gespräch ablehnst und ihm damit zeigst, dass du nicht mit ihm auf einer Wellenlänge bist.

Doch dir sollte immer die Reaktion deines Gegenübers auf dieses Verhalten bewusst sein. Denn wenn dein Gegenüber auch mit Ablehnung reagiert, kann es sein, dass Verhandlungen oder weitere Gespräche nicht mehr möglich sein können. Also erst bewusst werden vor den Konsequenzen, bevor du eine Reaktion zeigst.

Auf einer Theaterbühne kannst du eine große Theatralik und übertriebene Gesten gut anwenden. Aber im Job und in Verhandlungen solltest du versuchen, dieses zu vermeiden. Gerade im Job gilt es, seine Gesten und seine Verhaltensweisen nicht übermäßig auszuschmücken und nicht zu übertreiben. Denn gerade wenn du weit ausholend gestikulierst und jeder deiner

Aussagen mit deiner Körpersprache Nachdruck verleihst, kann es sein, dass du dich schnell lächerlich machst und damit auch deine Glaubwürdigkeit verlierst.

Körpersprache bewusst einsetzen

Ein Großteil unserer Körpersprache passiert unbewusst, ohne dass wir ihn steuern. Denn wir denken nicht groß darüber nach, wie wir unsere Arme oder Beine halten, wie der Körper gedreht wird oder ob der Kopf zu einer Seite geneigt ist. Gerade aus diesem unbewussten Grund kann unsere Körpersprache so viele tiefe Einblicke über uns geben. Denn so können Emotionen und Gedanken ungefiltert gesteuert werden. Somit hast du die Gelegenheit, dir deiner eigenen Körpersprache bewusst zu werden und diese bestmöglich zum Einsatz bringen zu können.

Begib dich dazu mit deiner Körpersprache auf ein gemeinsames Niveau. Denn Höhenunterschiede werden von beiden Seiten der Kommunikationspartner wahrgenommen und interpretiert. Denn gerade wer von oben herabschaut, wirkt automatisch überlegen, vielleicht sogar bedrohlich. Dieser Effekt kann gewünscht sein, muss es aber nicht, und lässt dich alles andere als sympathisch aussehen. Denn wenn du ein Anliegen vorträgst, einen Wunsch äußerst oder der führende Teil in einer Verhandlung bist, solltest du darauf achten, dass du deine Gesprächspartner nicht von oben herab ansprichst. Dieses schwächt deine Position und macht dich für die anderen beteiligten Personen unattraktiv.

Gerade dein Lächeln ist ein wahres Multitalent in der Körpersprache. Denn es hat den großen Vorteil, dass du es bewusst und gezielt einsetzen kannst. Somit kannst du Offenheit und Zuneigung signalisieren, gewinnst die Sympathie deines Gesprächspartners und wirkst souverän und selbstbewusst.

Du kannst mit Mimik und Gestik wunderbare Dinge machen. Jedoch gehört es auch dazu, verschiedene Zonen der Distanz in der Körpersprache zu wahren und zu respektieren. Dazu gehört, dass du deinem Gegenüber nicht zu naherückst, sondern die Grenze einhältst.

Damit du deine Körpersprache richtig nutzen kannst, musst du die Wirkung und Wechselwirkung auf andere Menschen verstehen. Versetze dich dazu immer wieder in die Lage deines Gegenübers und frage dich, welche Signale deine Körpersprache nun gerade sendet und wie diese bei deinem Gegenüber wahrgenommen werden.

NLP in den Alltag transferieren

Gerade als Anfänger im NLP solltest du dich mit der Materie erst einmal vertraut machen und dich einfinden. Denn es kann auch sein, dass du mit bestimmten Verhaltensmustern auf Ablehnung triffst und dich nicht konform verhältst. Deswegen solltest du schauen, dass du die Methode des NLP erst einmal im Bekanntenkreis trainierst und schaust, was sich dort verändert. Einige der oben aufgeführten Übungen lassen sich immer wieder leicht in Alltagssituationen einbinden. Du kannst sie auch im alltäglichen Leben, wie zum Beispiel beim Einkaufen, immer wieder verwenden.

Wenn du dir im Umgang mit der Kommunikationsmethode sicher bist, kannst du sie auch in deinem Arbeitsalltag anwenden. Nutze auch hier immer wieder die verschiedenen Übungen, um deinen Umgang mit dem NLP zu stärken und mache es somit zu einem Teil deines Selbst. Denn wenn du das NLP in deine Persönlichkeit integrierst, machst du dich stark in der Kommunikation und kannst neue Wege auf deiner mentalen Landkarte beschreiten.

Ich hoffe dieses Buch hat dir Gefallen und ich wünsche dir viel Spaß bei der Umsetzung.